En el
pichic

por **Dana Meachen Rau**

Asesora de lectura: Nanci R. Vargus, Dra. en Ed.

Marshall Cavendish
Benchmark
New York

Palabras en imágenes

árbol

césped

hormigas

agua

libro

manta

 picnic

 piedras

 ranas

 red

 sandía

Nos gusta ir de  al campo.

Nos sentamos

en el .

Lanzamos

al .

Atrapamos 🐸 con una 🍭.

Leemos un
en la .

Jugamos al escondite detrás de un .

Comemos .

Vemos  .

Nos divertimos

en el .

Aprende estas palabras

escondite juego en el que unos niños van a un lugar sin ser vistos, y otro niño los busca

lanzar arrojar algo

Entérate de más

Libros

Dahl, Michael. *Ants at the Picnic: Counting by Tens.*
    Minneapolis, MN: Picture Window Books, 2006.
Goode, Diane. *The Most Perfect Spot.* New York:
    HarperCollins, 2006.
Williams, David K. *Green Light Readers: The Picnic.*
    New York: Harcourt, 2006.

Videos

Gordon, Tom. *See How They Grow: Pond Animals.* Sony
    Kids' Video.

Sitios Web

Games Kids Play
    http://www.gameskidsplay.net/
Simple Kids' Picnic Recipes
    http://www.picnicportal.com/simple-kids-picnic-
    recipes.htm

Sobre la autora

Dana Meachen Rau es escritora, editora e ilustradora. Graduada del Trinity College de Hartford, Connecticut, ha escrito más de doscientos libros para niños, entre ellos, libros de ficción histórica y de no ficción, biografías y libros de lectura para principiantes. Le gusta hacer picnics con su familia en los alrededores de Burlington, Connecticut, el lugar donde viven. Siempre llevan sándwiches de marshmallow y mantequilla de maní, su fiambre favorito.

Sobre la asesora de lectura

Dra. en Ed., quiere que todos los niños disfruten de la lectura. Fue maestra de primer grado. Ahora trabaja en la Universidad de Indianápolis. Nanci ayuda a los jóvenes a prepararse para ser profesores. Le gusta ir de picnic a la playa y pasear en canoa en Sugar Creek.

Marshall Cavendish Benchmark
99 White Plains Road
Tarrytown, NY 10591-9001
www.marshallcavendish.us

All Internet addresses were correct at the time of printing.

Library of Congress Cataloging-in-Publication Data

Rau, Dana Meachen, 1971–
[At a picnic. Spanish]
De picnic en el campo / by Dana Meachen Rau.
p. cm. – (Benchmark rebus)
Includes bibliographical references.
ISBN 978-0-7614-2779-7 – ISBN 978-0-7614-2607-3 (English ed.)
1. Picnicking–Juvenile literature. 2. Rebuses–Juvenile literature.
I. Title.
GT2955.R3818 2007
641.5'78–dc22
2007017158

Spanish Translation and Text Composition by Victory Productions, Inc.

Photo research by Connie Gardner

Rebus images provided courtesy of *Dorling Kindersley*.

Cover photo by Mark E.Gibson/Dembinsky Photo Associates

Getty Images: p. 5, Taxi; p.15, The Image Bank; *Jupiter Images*: p. 7, Stock Image; p. 9, Agence Images; p.11, Index Stock Imagery; *Corbis*: p. 13, Roy Morsch; p. 19, Awilli/zefa; p. 21, Grace/zefa; *The Image Works*: p. 17, Ellen B. Senisi.

Printed in Malaysia
1   3   5   6   4   2